Anni Tornow / MERLINS ATLAS DER KARTENLEGEKUNST

MERLINS BIBLIOTHEK
DER GEHEIMEN WISSENSCHAFTEN
UND MAGISCHEN KÜNSTE
Band 9

MERLIN'S BIBLIOTHEK DER GEHEIMEN WISSENSCHAFTEN UND MAGISCHEN KÜNSTE

Anni Tornow

MERLINS Atlas der KARTENLEGE-KUNST

MERLIN VERLAG

Vorbemerkung

Wer hätte sich nicht im Leben schon irgendwann einmal gewünscht, in die Zukunft blicken zu können?
Einer der ältesten Wege, ein wenig hinter den sonst so undurchsichtigen Vorhang blicken, einen oder mehrere Zipfel des siebenten Schleiers etwas lüpfen zu können, das ist das geheimnisumwitterte Wahrsagen aus den Karten.
Das Kartenlegen ist keine Wissenschaft im akademischen Sinne, dennoch gehört einiges Wissen dazu. Und Einfühlungsvermögen, Gedankenübertragung, eine kurze Aufhebung von Zeit und Raum.
Dieser Band soll dem Wißbegierigen die Grundkenntnisse des Kartenlegens vermitteln mit vielen Abbildungen, einprägsamen Beispielen und in möglichst knappen Worten.
Die ausgewählte Methode deutet nur die nächste und nähere Zukunft, niemals das ganze Leben. Sie wurde von den Frauen einer deutschen Familie mit einer irischen Urahne von Generation zu Generation weitergereicht mit der Mahnung: »Tell fortune, less misfortune!«
Benötigt wird ein einfaches Skatspiel mit sogenannten französischen Bildern und insgesamt 32 Karten. Ein eventueller Joker wird fortgeworfen. Das einmal zum Wahrsagen benutzte Blatt sollte niemals mehr zum Kartenspiel benutzt werden.
Die Karten können für jede Person oft befragt werden, jedoch sollte der zeitliche Abstand jeweils mindestens vier Wochen betragen. Die Erfahrung lehrt, daß die treffsicher-

sten, verblüffendsten Deutungen eintreffen bei (für den Frager) erstmaligem Kartenlegen oder Abständen von etwa einem Jahr.
Derjenige, der aus den Karten etwas erfahren möchte, wird hier kurz »Frager« genannt, der Kartenkundige »Deuter«. Nur der Frager berührt, mischt und zieht die Karten. Der Deuter fordert den Frager dazu auf und sagt ihm das Wie. Beide sollten ernst und konzentriert sein.
Wenn der Deuter für sich persönlich die Karten für seine nächste Zukunft befragen möchte, so ist er gleichzeitig auch der Frager. In diesem Falle wird er für lange Jahre durch ein- und dieselbe Personenkarte innerhalb des Spiels vertreten, die er aufgrund der nachfolgenden Seiten leicht auswählen und bestimmen kann.
Zur Übung sollte der Frager-Deuter sich jeweils die von ihm gezogenen Karten und seine Deutung aufschreiben und beides nach einiger Zeit kontrollieren. Im übrigen gilt für das Voraussagen der eigenen Zukunft ganz besonders der allgemeine Rat: nicht zu oft, nicht mogeln, einmal sehr negative Karten zusammenpacken und im Schrank einfach für einige Zeit vergessen.
Für die Wahl der Personenkarte muß über den Frager bekannt sein:

das Alter
und der Familienstand.

Ein junges Mädchen wird vertreten durch die KARO DAME. Diese Personenkarte verliert für das junge Mädchen alle anderen Bedeutungen.
Auf den nächsten acht Seiten werden die Personenkarten für den Frager dargestellt.

Personenkarte **KARO DAME**

wenn der Frager:

a) ein junges Mädchen,

b) eine unverheiratete Dame bis höchstens 50 Jahre alt.

Personenkarte **KARO KÖNIG**

wenn der Frager:

a) ein junger Mann,

b) ein unverheirateter Mann bis höchstens 50 Jahre alt.

Personenkarte **HERZ DAME**

wenn der Frager:
eine verheiratete Dame bis höchstens 50 Jahre alt.

Personenkarte **HERZ KÖNIG**

wenn der Frager:
ein verheirateter Mann bis höchstens 50 Jahre alt.

Personenkarte **KREUZ DAME**

wenn der Frager:
eine verheiratete Dame über 50 Jahre alt.

Personenkarte **KREUZ KÖNIG**

wenn der Frager:
ein verheirateter Mann über 50 Jahre alt.

Personenkarte **PIQUE DAME**

wenn der Frager:
eine Witwe oder unverheiratete Dame über 50 Jahre alt.

Personenkarte **PIQUE KÖNIG**

wenn der Frager:
ein Witwer oder unverheirateter Mann über 50 Jahre alt.

Nachdem Deuter und Frager die Personenkarte bestimmt haben, wandert diese zurück in das Spiel.
Der Frager mischt die 32 Karten verdeckt, d. h. mit den Bildern nach unten und besinnt sich dabei konzentriert auf seine Fragen, seine Probleme.
Der Frager breitet das gesamte Kartenspiel vor sich auf dem Tisch verdeckt aus, etwa so:

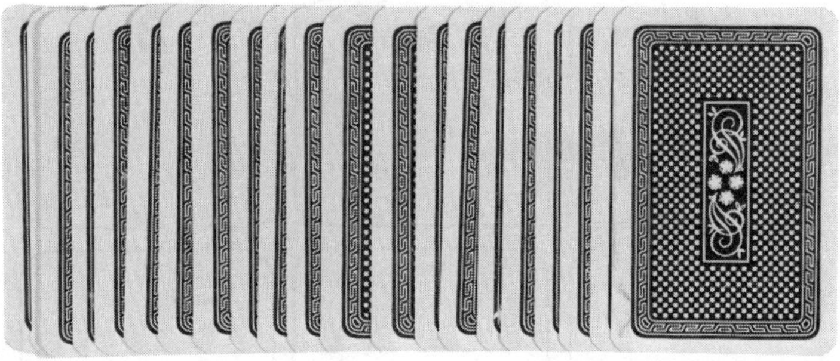

oder so:

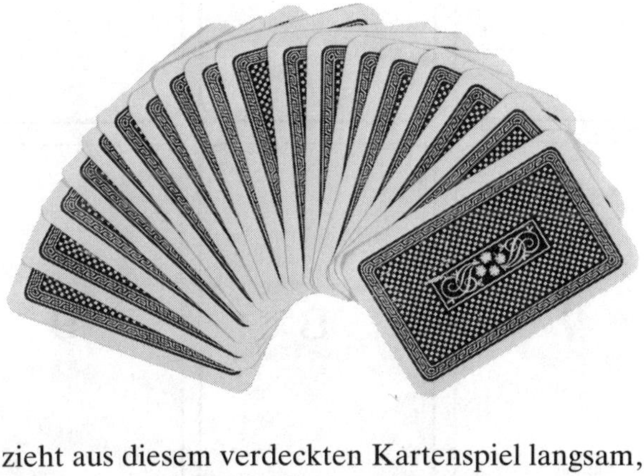

und zieht aus diesem verdeckten Kartenspiel langsam, besonnen, Karte für Karte verdeckt insgesamt **neun** Karten.

Der Deuter nimmt dem Frager jede Karte behutsam ab und legt sie vor sich auf den Tisch in folgender Anordnung:

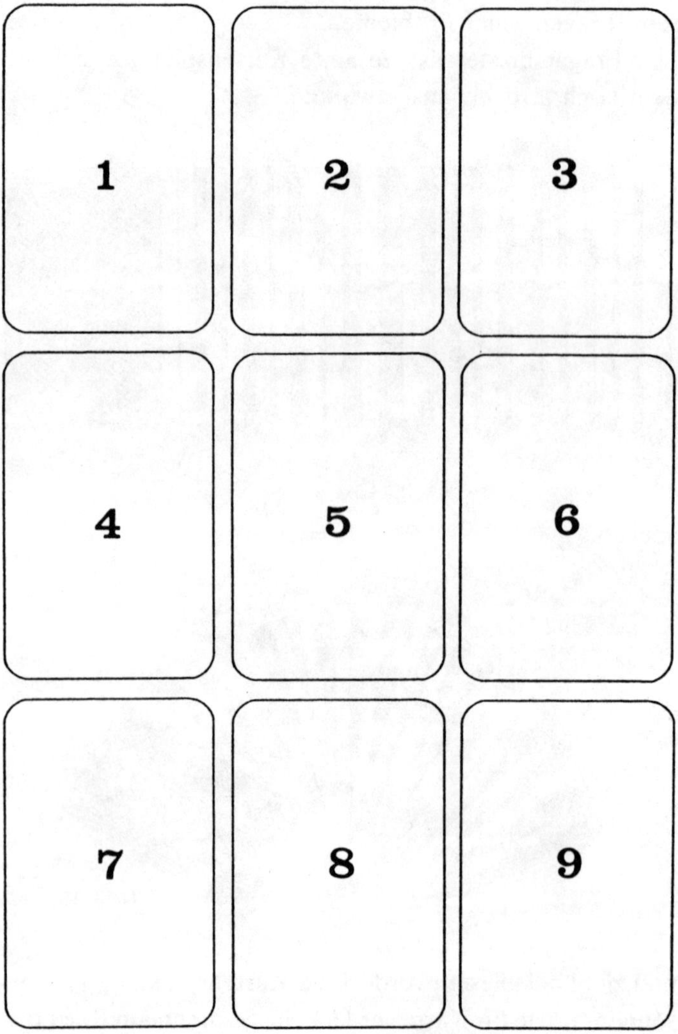

Der Deuter deckt jetzt die einzelnen Karten nacheinander in der Reihenfolge 1 – 9 sorgfältig auf, so daß die Bilder nach oben gelangen. Oben und unten darf er dabei auf keinen Fall verwechseln, d.h. die rechte Seite einer Karte wird aufgehoben und nach links gekippt.

Jede einzelne Karte hat für sich eine ganz bestimmte Einzelbedeutung (siehe Seiten 18–42). Die Voraussage der nächsten Zukunft ergibt sich erst aus dem Zusammenhang mehrerer Kartengruppen. Bei der hier beschriebenen Methode spielt die Anzahl »3« stets eine magische Rolle, wie in dem alten Kinderlied ». . . Dreimal drei sind neune.«
Gedeutet werden zuerst die Schrägen, die Diagonalen. Es hängen also bei unserem Beispiel die Positionen 1 – 5 – 9 – 3 – 7 zusammen.

Und die weiteren Diagonalen: 2 – 4 – 8 und 2 – 6 – 8.

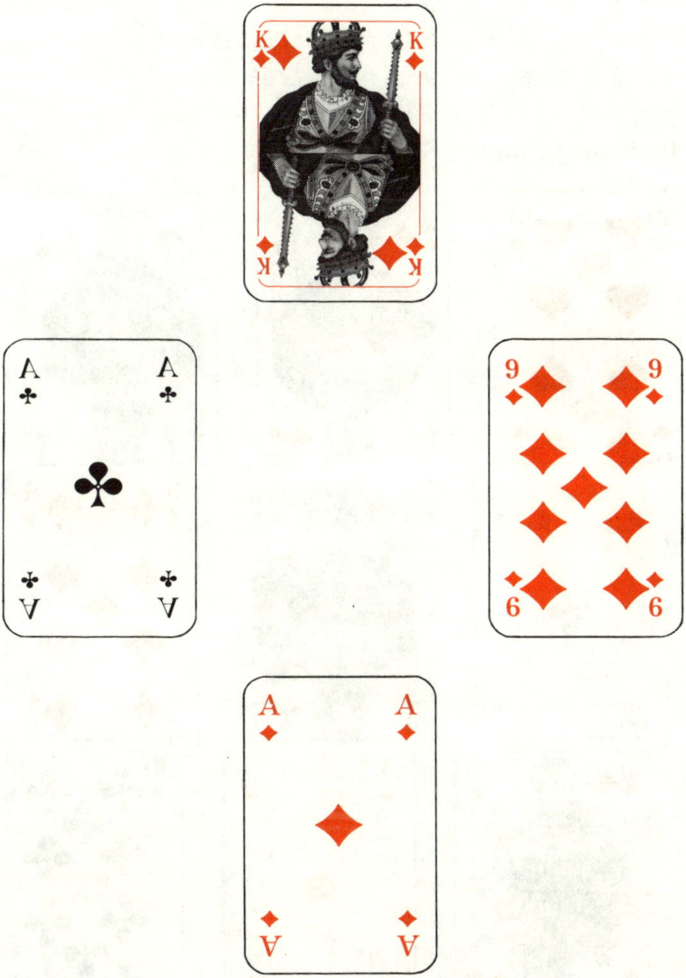

Zweitrangig, also etwas weniger wichtig für den Frager ist anschließend die Deutung der Senkrechten, der Vertikalen

1	2	3
4	5	6
7	8	9.

Im *Beispiel 1* also:

1–4–7 2–5–8 3–6–9

Die waagerechten, horizontalen Positionen der Karten haben nur in einer Beziehung eine Bedeutung: schauen sie sich mit den Köpfen an oder nicht.

Beispiel 2

Die Köpfe schauen sich an.

Das Paar liebt sich. Treue.

Beispiel 3

Die Köpfe schauen sich nicht an.

Beide Partner sind anderen Personen oder anderen Dingen zugeneigt. Untreue.

Die Bedeutung der einzelnen Karten

HERZ

Die Farbe der Liebe, der Harmonie.
Glücksfarbe für alle ideellen Werte.

HERZ AS

Die Herzspitze weist nach oben.

Das Dach. Das Haus.
Was bald ins Haus kommt.
Kein Wohnungswechsel.

HERZ AS

Die Herzspitze weist nach unten.

Das Haus (Dach) »steht auf dem Kopf«.
Was bald ins Haus kommt. Umzug, Wohnungswechsel.

HERZ ZEHN

a) Große Liebe, Heiratsantrag, Heirat.
b) Großes Haus, wie z. B. Behörde, Firma, Krankenhaus, Gericht. (Theater, TV, Konzerthalle).

HERZ NEUN
Die Herzspitze weist nach unten.

a) Glück, Freude, echte Freundschaft, Harmonie.
b) Freudige erotische Erlebnisse.

HERZ NEUN

Die Herzspitze weist nach oben.

Glück, Freude, Harmonie,
jedoch im Zusammenhang mit PIQUE AS oder PIQUE SIEBEN:
gestörte Ehe oder Partnerschaft, Erotik, Scheidungspläne.

HERZ ACHT

Gute Gesundheit.
In Zusammenhang mit KREUZ ZEHN: Froher Urlaub.

HERZ SIEBEN
Die Herzspitze weist nach unten.

Ein Kind. Meistens das eigene, auch erwachsene Kind. Bei mehreren Kindern: das ältere Kind.

HERZ SIEBEN
Die Herzspitze weist nach oben.

Ein freudiges Wiedersehen.

HERZ KÖNIG

a) der Ehemann bis 50 Jahre alt,
b) ein verheirateter Mann bis 50 Jahre alt,
c) der geliebte Mann.

HERZ DAME

a) die Ehefrau bis 50 Jahre alt,
b) eine verheiratete Dame bis 50 Jahre alt,
c) die geliebte Frau.

HERZ BUBE

Der Glücksbube für Liebe und alles Ideelle, wenn keine weiteren Buben in der Nähe sind.
Ferner: treue Gedanken eines guten Freundes.

KARO

Glücksfarbe für Geld,
materielle Dinge.

KARO AS

Brief. Schriftstück.

KARO ZEHN

Das große Geld, die große Einnahme, auch hohes Gehalt, Gehaltserhöhung. (Gage)

KARO NEUN

Eine Veränderung.

KARO ACHT

Das kleine Geld, eine kleine Einnahme.
Nebenverdienst.

KARO SIEBEN
Das Karo steht oben.

Ein Kind.
Das eigene, jüngere Kind.

KARO SIEBEN
Das Karo steht unten.

Eine Überraschung.
Überraschendes.

KARO KÖNIG

Ein Jüngling, junger Mann.
Ein unverheirateter Mann bis höchstens 50 Jahre alt.

KARO DAME

Ein junges Mädchen.
Eine unverheiratete Dame bis höchstens 50 Jahre alt.

KARO BUBE

Der Glücksbube.
Ohne weitere Buben das stärkste Glückssymbol in jeglichem Zusammenhang.

KREUZ

Die gemischte Farbe.

KREUZ AS

Das Kreuz weist nach oben.

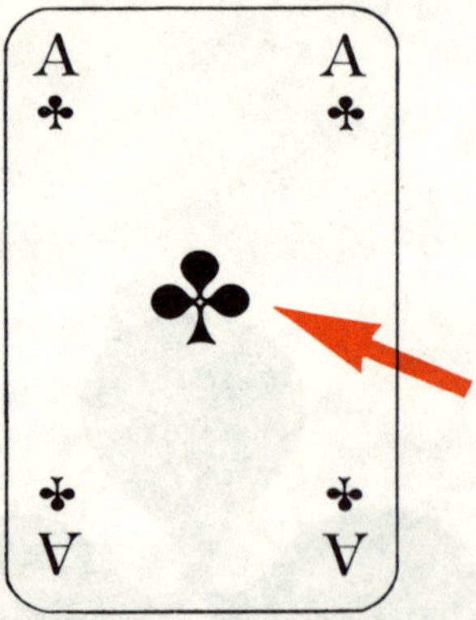

Ein Geschenk.
Mit HERZ ZEHN: Verlobungsring.

KREUZ AS

Das Kreuz weist nach unten.

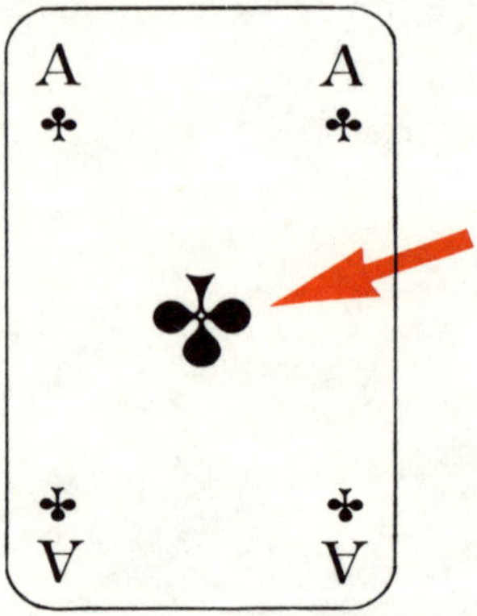

Vertrag oder Vertragsangebot.
Mit PIQUE ZEHN: Arbeitsvertrag. (Engagement)

KREUZ ZEHN

»Über die Reise«
Reise, Ortsveränderung.
(Tournée, Gastspiel)

KREUZ NEUN

»Es ist ein Kreuz«
Ärger, Streit, Tränen.

KREUZ ACHT

»Achtung«: kleine Gefahr. Aufmerksam sein.

KREUZ SIEBEN

»Über den kurzen Weg«
Bald, aus der Nähe, aus dem gleichen Ort.

KREUZ KÖNIG

a) der Ehemann über 50 Jahre alt
b) ein verheirateter Mann,
c) ein guter Freund.

KREUZ DAME

a) die Ehefrau über 50 Jahre alt,
b) eine verheiratete Dame,
c) eine gute Freundin.

KREUZ BUBE

»Der Ausländer«

Ohne weitere Buben: Nachricht aus dem Ausland, ein Freund im Ausland.

PIQUE (Pik)

Mit wenigen Ausnahmen:
die Unglücksfarbe.

PIQUE AS
Die Spitze weist nach oben.

Großer, unangenehmer Schreck.
Mit PIQUE SIEBEN: Unfall.

PIQUE AS
Die Spitze weist nach unten.

Todesfall (nie der eigene).
Mit PIQUE SIEBEN: eines nahestehenden Menschen.

PIQUE ZEHN

»Die große Arbeit«
Das Berufsleben.

PIQUE NEUN
Die Spitze weist nach oben.

»In der Abendstunde«
Abends oder nachts.

PIQUE NEUN

Die Spitze weist nach unten.

Streit unter Liebenden, auch Familienstreit.

PIQUE ACHT

Krankheit.

Mit HERZ ZEHN: Krankenhausaufenthalt.

PIQUE SIEBEN

»Der Fehlschlag«
Die Unglückskarte, wendet alle Zusammenhänge zum Schlechten.

PIQUE KÖNIG

a) Witwer, älterer Mann
b) Person in gehobener Position, Vorgesetzter, Anwalt, Arzt (Intendant)
c) mit KREUZ KÖNIG: Gericht
d) mit PIQUE NEUN oder SIEBEN: Bösewicht, Intrigant.

PIQUE DAME

a) Witwe, ältere Dame
b) Dame in gehobener Position, Ärztin, Anwältin
c) mit PIQUE NEUN oder SIEBEN: bösartige Frau, Intrigantin.

PIQUE BUBE

Der Unglücksbube.

Bedeutung der Häufung von drei oder vier gleichrangigen Karten, einerlei in welcher Position

DREI ASSE

Außergewöhnliches Ereignis.

VIER ASSE

Glänzender, großer Erfolg.

DREI KÖNIGE

Wichtige geschäftliche Besprechung.

VIER KÖNIGE

Gute Beziehungen.
Club, Loge, Partei, Kirche, u. ä.

DREI DAMEN

Klatsch und Tratsch.
Verleumdungen.

VIER DAMEN

Viele Einladungen, Parties,
auch Damenkränzchen.

DREI BUBEN

»Bubenstreich«.
Intrige.

VIER BUBEN

Geselligkeit mit viel Alkohol.
Herrenabend.

MEHR ALS FÜNF PERSONENBILDER

Hier ist kaum eine Deutung möglich. Frager ist in diesen Tagen durch viele verschiedene Menschen zu stark abgelenkt. Abbrechen und nach etwa vier Wochen neu beginnen.

Einzig mögliche Deutung in diesem Falle: Bald am Ort eine ziemlich betrunkene Gesellschaft mit Damen, die nicht zu den Herren gehören, also nicht den Ehefrauen oder Partnerinnen.

NUR ZAHLENKARTEN

Pos. 1 *Pos. 2*

Es fehlen völlig Personenkarten. Auf Pos. 1 und 2 je eine Karte hinzuziehen und aufdecken. Fällt auch dann noch kein Personenbild, so ist der Frager unkonzentriert und das Kartenlegen wird mindestens vier Wochen verschoben.

Übungsbeispiele für »Dreimal drei ist neune«

ÜBUNGSBEISPIEL A

Deutung

Voraussetzung: der Frager ist keine Witwe oder ältere Dame, seine Personenkarte ist also nicht die PIQUE DAME.

Die Diagonalen
Eine Todesnachricht (PIQUE AS) eines nahestehenden Menschen (PIQUE SIEBEN in dieser Stellung). Die Verstorbene wird eine Witwe oder ältere Dame (PIQUE DAME) sein. Entweder wird sich der Todesfall abends-nachts ereignen oder die Nachricht trifft abends-nachts ein. Die Nachricht kommt schriftlich, also durch Brief oder Telegramm (KARO AS), woraus sich schließen läßt, daß es sich kaum um die Mutter des Fragers handeln wird, es sei denn, diese wohnt in einem anderen Ort. Die Nachricht kommt überraschend, aber nicht in den nächsten Tagen, denn es fehlen HERZ AS und/oder KREUZ SIEBEN.
Im vorliegenden Beispiel deuten die Diagonalen KARO ZEHN – KREUZ AS – KARO SIEBEN – KREUZ ZEHN auf eine überraschende Erbschaft hin. Diese Aussage wird bestärkt durch die drei Asse.
Achtung: liegt die PIQUE SIEBEN andersherum, so würde es sich bei dem Todesfall nicht um einen nahestehenden Menschen handeln. Liegt die KARO SIEBEN andersherum, so würde nicht der Frager, sondern ein Kind erben, wahrscheinlich das Kind (jüngere) des Fragers.
Liegen sowohl PIQUE SIEBEN und KARO SIEBEN andersherum als in diesem Beispiel, so bedeutet dieser Erbsegen an ein Kind für den Frager persönlich einen erheblichen Fehlschlag. Das würde heißen: In diesem Falle hätte der Frager für sich fest mit der Erbschaft gerechnet, ginge aber leer aus.

Die Senkrechten

bestätigen im vorliegenden Beispiel A die Aussage der Diagonalen:

HERZ AS – KREUZ AS – PIQUE DAME: Nachricht per Post über ein Geschenk von einer älteren Dame.

HERZ ZEHN – PIQUE SIEBEN – KARO SIEBEN: (PIQUE SIEBEN in diagonaler Verbindung zu PIQUE AS)

Todesfall über die Reise, Verstorbene also an einem anderen Ort, in der Abendstunde. Diese Senkrechte deutet darauf hin, daß die Todesstunde abends oder nachts eintreffen wird und nicht die Nachricht darüber.

ÜBUNGSBEISPIEL B

Deutung

Voraussetzung: Der Frager ist entweder eine verheiratete Dame, unter fünfzig Jahre alt (HERZ DAME), oder ein

verheirateter Mann, unter fünfzig Jahre alt (HERZ KÖNIG). (Siehe auch: Personenkarten Seite 8).
Hier fällt zunächst auf, daß das Paar sich mit den Köpfen gegenseitig anblickt. Es handelt sich also um eine gute, liebevolle Ehe.

Die Diagonalen

Der Mann hat insgesamt sehr viel Glück und finanziellen Erfolg in seinem Beruf. Gutes bis hohes Einkommen (KARO ZEHN) in der Arbeit (PIQUE ZEHN) im großen Haus (HERZ ZEHN) mit dem starken Glücksbuben (KARO BUBE).
Die Ehefrau hat eine plötzliche Erkrankung (PIQUE ACHT) des gemeinsamen (jüngeren) Kindes (KARO SIEBEN) in der Abendstunde, darum plötzlich (PIQUE NEUN), zu erwarten. Die Krankheit des Kindes tangiert die Mutter naturgemäß etwas mehr als den Vater, der beruflich sehr in Anspruch genommen ist.

Die Senkrechten

Eine größere Einnahme mit großem Glück ergibt sich in der Abendstunde. Der BUBE – der auch immer Gedanken, Abwesenheit einer anderen Person vertritt – deutet auf ein entsprechendes Telefongespräch hin.
HERZ DAME – PIQUE ZEHN – PIQUE ACHT. Diese Koppelung läßt vermuten, daß auch die Ehefrau sehr viel Arbeit hat, ja wahrscheinlich beruflich tätig ist. Viel Arbeit macht ihr auch die Krankheit dieses Kindes.
HERZ KÖNIG – KARO SIEBEN – HERZ ZEHN. Hier gibt es eigentlich nur die Deutung, daß der Vater sein Kind

ins Krankenhaus bringt oder es dort besucht. Die Farbe HERZ, hier sogar die HERZ ZEHN, deutet eine sehr starke Vaterliebe an.

Achtung: KARO SIEBEN andersherum schließt die Sorge um ein Kind aus. In einem solchen Falle wäre mit einer überraschenden Erkrankung der Ehefrau zu rechnen.

ÜBUNGSBEISPIEL C

Deutung

Hier fällt zunächst auf, daß die Köpfe der beiden Könige einander zugewandt sind und jegliche weibliche Bildfigur fehlt.

Der jüngere, unverheiratete Mann (KARO KÖNIG) hat eine Bindung zu einem älteren Mann, unverheiratet, evtl. Witwer, über 50 Jahre alt, vielleicht in sehr angesehener Position (PIQUE KÖNIG). Die HERZ NEUN liegt dem älteren Mann in diesem Zusammenhang unmittelbar diagonal zu Füßen, dem KARO KÖNIG senkrecht, vertikal. Dieses läßt auf eine sehr enge Zuneigung, auf eine Passion schließen, für den Deuter eine sehr wichtige Vorinformation, die an sein Taktgefühl appelliert. Wenn es sich bei den beiden Königen nicht um Vater und Sohn, evtl. auch Großvater und Enkel handelt, so sind homosexuelle Neigungen zu vermuten.

Die Diagonalen

Der ältere Mann ist beruflich sehr erfolgreich und verdient sehr gutes Geld (PIQUE ZEHN und KARO ZEHN). Es handelt sich um einen eher gutmütigen und hilfsbereiten Charakter, der neben seinen beruflichen Fähigkeiten tieferer Gefühle fähig ist. PIQUE KÖNIG erwartet auf jeden Fall ein froher Urlaub. Er ist gesund.

KARO KÖNIG dagegen scheint ein kühlerer Typ zu sein, der die fleißige Arbeit nicht gerade erfunden hat. Er sieht in einer Reise mehr die Gelegenheit zu einer Veränderung (KARO NEUN) und zu einem kleinen Gelderwerb (KARO ACHT). Deshalb ist sein Kopf seinem Gönner zu- und der Arbeitskarte (PIQUE ZEHN) abgewendet.

Die Senkrechten

Hier ist für den Frager – besonders, wenn er nicht von der Personenkarte KARO KÖNIG vertreten wird – eine durchaus günstige Veränderung im Beruf zu sehen sowie eine gute Gesundheit.

Der KARO KÖNIG hat eine starke Vorliebe für kleines Geld (HERZ NEUN und KARO ACHT). Größere Einnahmen scheinen zu fehlen.
Der PIQUE KÖNIG macht eine teure, weite Reise, die er sich finanziell auch leisten kann. Bei den vorliegenden Diagonalen ist anzunehmen, daß er KARO KÖNIG zu dieser Reise einladen, wahrscheinlicher, auf diese Reise mitnehmen wird.

ÜBUNGSBEISPIEL D

Deutung

Voraussetzung: Der Frager ist ein junges Mädchen oder eine unverheiratete Dame unter 50 Jahren mit der Personenkarte KARO DAME.

Die Diagonalen

Die Fragerin (KARO DAME) liegt etwas im Abseits unten in der rechten Ecke des Gesamtbildes. Sie hat sich beim Mischen und Ziehen gut konzentriert, weil sie ihre eigene Personenkarte als letzte gezogen hat.

Die Koppelung des kurzen Weges (KREUZ SIEBEN) mit dem Haus (HERZ AS als »Dach«), kein Wohnungswechsel, läßt hier zunächst die Vermutung zu, daß diese junge Dame jeden Abend auf dem kürzesten Wege (KREUZ SIEBEN) unter den Augen ihres Vaters (KREUZ KÖNIG) nach Hause – also ins Elternhaus – kommen muß.

Die Mutter (KREUZ DAME) sieht ihre Tochter an, liegt dieser noch näher. Die Mutter hat nur kleines Geld, vielleicht knappes Haushaltsgeld, kleine Arbeiten (PIQUE ACHT) verbunden mit Ärger, Tränen (KREUZ NEUN – »Es ist ein Kreuz«).

Ein etwas tristes Leben für die beiden Damen in diesem Haus.

Die Senkrechten

Im Haus (HERZ AS) liegt Ärger, Kummer (KREUZ NEUN) sowohl für als auch durch den Vater (KREUZ KÖNIG).

Arbeit, auch Hausarbeit (PIQUE ACHT) über den kurzen Weg (KREUZ SIEBEN) für die Mutter (KREUZ DAME).

In der Abendstunde (PIQUE NEUN) das kleine Geld (KARO ACHT) für die junge Dame (KARO DAME). Entweder muß sie ihren Verdienst abends zu Hause abgeben oder hat eine abendliche Tätigkeit.

KREUZ SIEBEN und HERZ AS deuten darauf hin, daß

es sich um einen Dauerzustand handelt oder daß die hier genannten Dinge – von »Ereignissen« läßt sich kaum sprechen – sehr bald eintreffen.

Rat: hier sollten verdeckt drei zusätzliche Karten von der Fragerin gezogen und aufgedeckt zu der KARO DAME gelegt und gedeutet werden.
Trotz der engen, nicht sehr gefühlsbetonten Bindung zu den Eltern wäre zu hoffen, daß die zuzüglichen Karten die junge Dame doch zu ein bißchen Optimismus berechtigen (z. B. einer der Glücksbuben oder vielleicht einer der »roten« Könige).

ÜBUNGSBEISPIEL E

Deutung

Voraussetzung: Der Frager ist weder eine alleinstehende Dame, Witwe, noch ein verheirateter Mann über 50. Der Frager hat also weder die Personenkarte PIQUE DAME noch KREUZ KÖNIG.

Die Diagonalen

Sehr viel materielles und ideelles Glück (HERZ BUBE und KARO BUBE) ins Haus (HERZ AS) durch einen verheirateten Mann über 50, einen guten Freund (KREUZ KÖNIG) über den kurzen Weg (KREUZ SIEBEN), also bald aus dem gleichen Ort.

Über die Reise (KREUZ ZEHN) trifft ein Brief oder ein Telegramm ein (KARO AS) mit einer schlechten Nachricht, einem Fehlschlag (PIQUE SIEBEN). Der Brief kommt von einer älteren Dame, Witwe (PIQUE DAME). Letztere ist entweder in Schwierigkeiten oder versucht, dem Frager welche zu machen.

Die Senkrechten

Von einem guten Freund, wahrscheinlich verheiratet (KREUZ KÖNIG), kommt außerdem ein guter Brief (KARO AS) bald aus dem gleichen Ort (KREUZ SIEBEN).

Der Fehlschlag in der einen Diagonale wird hier in der Senkrechten ganz erheblich abgemildert durch die Anwesenheit des Glücksbuben für Herzensdinge (HERZ BUBE). Die ältere Dame (PIQUE DAME) liegt auch hier über der Reise (KREUZ ZEHN), aber unter ihr direkt der HERZ BUBE. Es dürfte sich also um eine weitere, zweite Dame handeln, die mit der schlechten Nachricht in der Diagonalen nichts zu tun hat, sondern sehr herzlich in Gedanken dem Frager verbunden ist. In volkstümlichen Witzen ausgedrückt würde es z.B. lauten: das eine ist die Schwiegermutter und das andere die Mutter. Beide Damen kommen in nächster Zeit kaum zu Besuch, da sie dem Haus (HERZ AS) den Rücken kehren. Allerhöchstens kommt die freundlichere ältere Dame zu Besuch, wahrscheinlich nicht so schnell oder nur ganz kurz.

Ins Haus und bald (HERZ AS als Dach) liegt kein Wohnungswechsel, jedoch auch hier in der Senkrechten ein Fehlschlag. Die Wirkung des Fehlschlages (PIQUE SIEBEN) wird jedoch ganz erheblich durch die Anwesenheit beider Glücksbuben (HERZ und KARO BUBE) gemildert.

Zusammenfassung: Die beiden Glücksbuben lassen die Schwierigkeiten mit einer der beiden älteren Damen bald in Vergessenheit geraten.

Wünscht der Frager eine nähere Deutung einer bestimmten Karte oder Kartengruppe, so zieht er bis zu drei Karten hinzu auf diese Stelle. Je weniger, desto besser.

In diesem Falle: großes Glück in der Liebe, in gefühlsmäßigem Bereich. Positiv.

Die Karten können auch in anderen Gruppierungen auf den Tisch gelegt werden.

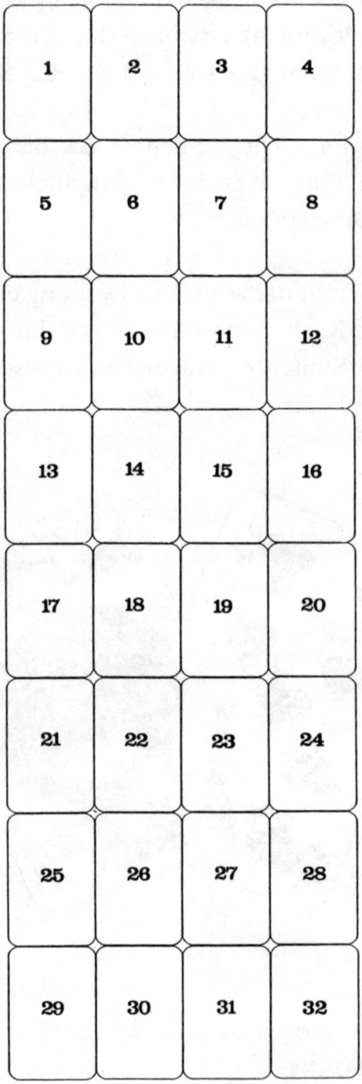

Bei der nebenstehenden Art, die Karten auf den Tisch zu legen, mischt der Frager das gesamte Spiel verdeckt und sehr konzentriert. Hier hängt alles vom Mischen ab. Er gibt das Spiel dann verdeckt dem Deuter. Dieser legt alle 32 Karten einzeln verdeckt in acht Reihen mit je vier Karten auf den Tisch, immer noch verdeckt, und zwar immer von links nach rechts.

Der Deuter deckt die beiden äußeren Senkrechten, also

1	und	4
bis		bis
29		32

auf und deutet die senkrechten Zusammenhänge.

WAS MICH DECKT

Personenkarte des Fragers

Was mich deckt

Was mich schreckt

Was bevor mir steht

Was mir nahe geht

Was mir ganz gewiß

Der Frager legt seine Personenkarte aufgedeckt auf den Tisch. Er mischt die übrigen 31 Karten verdeckt mit Sorgfalt und Konzentration. Der Deuter übernimmt diese 31 verdeckten Karten und hebt jetzt von oben jeweils 3 Karten zusammen ab und legt sie aufgedeckt auf die Punkte in der Darstellung »Was mich deckt« und so fort. Es liegen also 5 × 3 Karten in einer kleinen Gruppe, einem Trio zusammen.

Der Deuter murmelt die Formeln und deutet jeweils nur eine Dreiergruppe. Er beginnt bei »Was mich deckt«. Dieses bedeutet eine bald zu erwartende Begebenheit, etwas für den Frager sehr Wichtiges. »Was mir ganz gewiß« betrifft eine Erwartung in zeitlich weitem Abstand. Es wird jeweils nur ein Trio im Zusammenhang gedeutet.

Für ganz Eilige

3 2 1

3 2 1

(Deutung: Veränderung in der Arbeit bald, über den kurzen Weg, auch: neue Arbeitsstelle)

Sergius Golowin

DIE MAGIE DER VERBOTENEN MÄRCHEN

Von Hexendrogen und Feenkräutern

240 S., kart. DM 19,80

Golowin zeigt, daß Mandragora und Bilsenkraut, Eisenhut und Fliegenpilz schon in den Tagen der Höhlenmenschen ihre Wirkung taten. Demjenigen, der ihre Geheimnisse kannte, verliehen sie übermenschliche Stärke und Weisheit. Die Fähigkeit zur kosmischen Schau, die Möglichkeit, dem menschlichen Geist neue »Realitäten« zu erschließen, wird hier als urältestes, wenn auch immer geächtetes menschliches Wissen in Erinnerung gebracht.

Aus dem Inhalt: Der Märchenmann als Aufrührer, Schlafkräuter der Nacht, Frau Holles LSD, Weisheit durch Scheintod, »Wahnsinn« für Uneingeweihte, Rübezahls magisches Theater, Hilfreiche Geister-Tiere, Hexen-Bier durch Jahrtausende, Was rauchten die Romantiker?, Biblische Hexenrezepte, Flug auf den Götterberg, Geburt des kosmischen Menschen ...

MERLIN VERLAG 2121 Gifkendorf Nr. 3 bei Lüneburg

Satz und Druck: Wilhelm Carstens, Schneverdingen
Einband: Peter Labove, Uelzen
2. Auflage, Gifkendorf 1991
ISBN 387536 175X